Bibliografische Information Der Deutschen Bibliothek
Die Deutsche Bibliothek verzeichnet diese Publikation in der
Deutschen Nationalbibliografie; detaillierte bibliografische Daten
sind im Internet über http://dnb.ddb.de abrufbar.

Umschlaggestaltung: Daniela Meyer, München
Satz und Layout: Michaela Daigl, München
Lektorat: Annemarie Langhammer, München
Reproduktion: Repro Ludwig, A-Zell am See
Druck und Bindung: Uhl, Radolfzell
Printed in Germany

ISBN-13: 978-3-629-01318-7
ISBN-10: 3-629-01318-X

Bitte besuchen Sie uns im Internet: www.pattloch.de

Barbara Cremer • Eugen Antonenkov

Meine schönsten Kindergebete

Pattloch

Quellenverzeichnis

Da berühren sich Himmel und Erde (S. 29)
(Text) Thomas Laubach
(Musik) Christoph Lehmann
Aus: Gib der Hoffnung ein Gesicht, 1989
© tvd-Verlag, Düsseldorf.

Dass ich springen darf (S. 25)
(Text) E. Haller © Gütersloher Verlagshaus GmbH, Gütersloh.
(Musik) Dieter Trautwein Seminargruppe © Verlag Ernst Kaufmann, Lahr/
Christophorus Verlag, Freiburg.
Aus: Watkinson, 111 neue Kinderlieder

Gottes Liebe ist wie die Sonne (S. 11)
(Text) Die Rufer 1970
© Verlag Singende Gemeinde, Wuppertal.

Gott gab uns Atem (S. 38)
(Text) Eckart Bücken © Strube Verlag, München-Berlin.
(Musik) Fritz Baltruweit © tvd-Verlag, Düsseldorf.
Aus: Es sind doch deine Kinder

Hände, die schenken (S. 33)
(Text) Claus-Peter März, Erfurt.
(Musik) Kurt Grahl, Leipzig.

Heut war ein schöner Tag (S. 19)
© Martin Gotthard Schneider, Freiburg.

Vellguth, Klaus: Schenke uns offene Ohren, aus Südafrika. Aus: Klaus Vellguth (Hrg.), Bunt wie Gottes Regenbogen. Kindergebete aus aller Welt © 2002 Verlag Butzon & Bercker / missio, Kewelar / Aachen, München, Austria, Belgien, Schweiz.

Vellguth, Klaus: Du wohnst in meinem Herzen, aus Tunesien. Aus: Klaus Vellguth (Hrg.), Bunt wie Gottes Regenbogen. Kindergebete aus aller Welt © 2002 Verlag Butzon & Bercker / missio, Kewelar / Aachen, München, Austria, Belgien, Schweiz.

Inhalt

Am Morgen

Guten Morgen, lieber Gott,
schenk uns heute unser Brot!
Lass uns lachen und nicht weinen,
lasse deine Sonne scheinen
tief in unser Herz hinein.
Wir wollen immer mit dir sein!

(überliefert)

Gesund bin ich vom Schlaf erwacht,
dir, guter Gott, sei Dank gebracht.
Nimm mich auch heut in deine Hut
und mache mich recht froh und gut!

(überliefert)

Wo ich stehe, wo ich gehe,
bist du, guter Gott, bei mir.
Wenn ich dich auch nirgends sehe,
weiß ich doch, du bist bei mir.

(überliefert)

Guter Gott, lass mich heute
froh gelaunt und glücklich sein.
Leuchte du mit deiner Freude
mitten in mein Herz hinein.

(überliefert)

Lieber Gott, guten Morgen,
du warst bei mir in der Nacht.
Schick mir heute keine Sorgen,
ich wünsch mir, dass die Sonne lacht!

Mit Freunden lachen, sprechen, spielen,
ich bitt, dass dies gelingen mag.
Bleib bei mir und meinen Lieben,
ich freu mich so auf diesen Tag!

Wir danken dir an diesem Morgen,
dass wir das Licht deiner Sonne sehen.

Schenke du uns offene Ohren
und mach die Türen zu unseren Herzen weit,
dass unsere leeren Hände gefüllt werden
mit dem, was wir weitergeben können.

Wir bitten dich für die vielen Menschen,
die mit uns auf der Erde leben und die mit uns nach dir suchen.

Gott, erfülle uns mit deiner Freude,
bis wir davon überfließen
und die Erde erfüllt werde von Frieden und Heil! Amen.

(Klaus Vellguth)

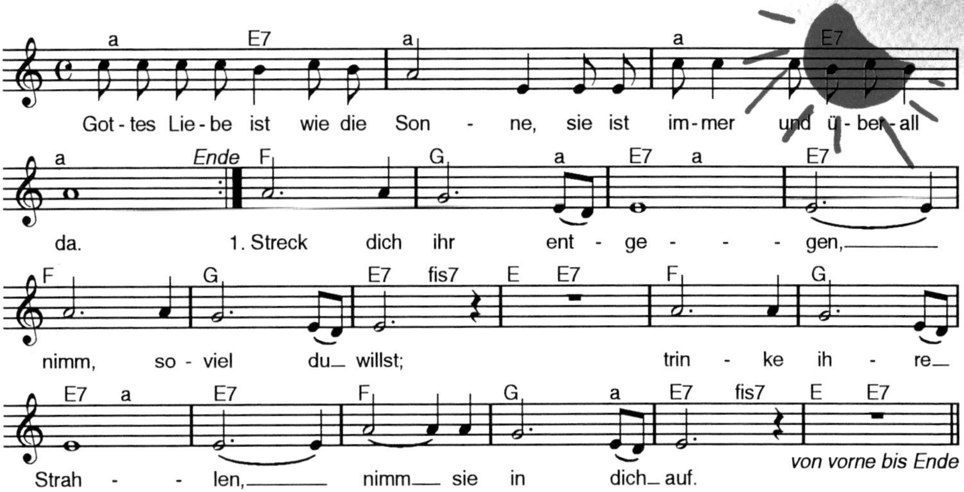

2. Sie kann dich verändern,
heute, wenn du willst;
gib ihr deine Antwort,
vertrau dich ihr ganz an.

3. Nie wird eine Wolke
vor Gottes Liebe sein;
gib die Liebe weiter
an den, der nicht lieben kann.

Am Mittag

Alle guten Gaben,
alles, was wir haben,
kommt, o Gott, von dir,
wir danken dir dafür.
(überliefert)

Jedes Tierlein hat zu essen,
jedes Blümlein trinkt von dir.
Hast auch mich heut nicht vergessen,
lieber Gott, ich danke dir.
(überliefert)

O Gott, von dem wir alles haben,
wir preisen dich für deine Gaben.
Du speisest uns, weil du uns liebst,
Herr, segne auch, was du uns gibst.
(überliefert)

Segne, Vater, diese Gaben,
die wir von dir empfangen haben
durch Christus, unseren Herrn.
(überliefert)

Alle Augen warten auf dich, o Herr.
Du streckst deine milde Hand aus
und sättigst alles, was da lebt, mit deinem Segen.
(nach Psalm 14)

Guter Gott, dir danken wir,
Essen und Trinken schenkst du uns hier.
Sei du in unsrer Mitte nun
und segne uns und unser Tun.

(Text: nach Psalm 106; Melodie: überliefert)

Guter Gott, wir loben dich für alle deine Gaben.
Dankbar und voll Freude wollen wir essen und trinken.
Segne unsere Tischgemeinschaft und sei mitten unter uns.
Stärke uns, damit wir deine Liebe weiterschenken können.

Am Abend

Abends, wenn ich schlafen geh,
vierzehn Engel bei mir stehn,
zwei zu meiner Rechten,
zwei zu meiner Linken,
zwei zu meinen Häupten,
zwei zu meinen Füßen,
zwei, die mich decken,
zwei, die mich wecken,
zwei, die mich weisen
in das himmlische Paradeise.

(überliefert)

So ein schöner Tag war heute,
lieber Gott, und so viel Freude
hast du wieder mir gemacht.
Dankbar sag ich: gute Nacht!
(überliefert)

Zur Ruh will ich mich legen
mit Liebe und mit Segen,
Herr Jesu, schließ mich ein.
So schlaf ich ohne Sorgen
vom Abend bis zum Morgen,
als wie im Nest ein Vögelein.
(überliefert)

Müde bin ich, geh zur Ruh,
schließe meine Äuglein zu.
Vater, lass die Augen dein
über meinem Bettchen sein.

Hab ich Unrecht heut getan,
sieh es, lieber Gott, nicht an.
Alle, die mir sind verwandt,
Herr, lass ruhn in deiner Hand.

Alle Menschen, groß und klein,
sollen dir befohlen sein.
(überliefert)

2. Wie schön ist diese Welt;
der dunkle Wald auf Bergeshöh,
das stille Tal, der lichte See
und was mir sonst gefällt.
Wie schön ist diese Welt.

3. Du, Herr, kennst auch das Leid,
das eins dem andern zugefügt,
wenn man sich hasst, verletzt, bekriegt
in dieser Welt voll Streit.
Du, Herr, kennst auch das Leid.

4. Gib eine gute Nacht,
dass jedem, der noch sorgt und weint,
wenn er erwacht, die Sonne scheint.
Du hast ja auf uns Acht.
Gib eine gute Nacht.

Der Mond ist aufgegangen,
die goldnen Sternlein prangen
am Himmel hell und klar.
Der Wald steht schwarz und schweiget,
und aus den Wiesen steiget
der weiße Nebel wunderbar.

Wie ist die Welt so stille
und in der Dämmrung Hülle
so traulich und so hold
als eine stille Kammer,
wo ihr des Tages Jammer
verschlafen und vergessen sollt.

Seht ihr den Mond dort stehen –
er ist nur halb zu sehen
und ist doch rund und schön.
So sind wohl manche Sachen,
die wir getrost verlachen,
weil unsre Augen sie nicht sehn.

(Matthias Claudius)

Guter Gott,
heute Abend bin ich so müde.
Mein Tag war anstrengend.
Viel habe ich gesehen und erlebt!
Danke, dass du mich heute beschützt hast.
Schenke mir eine gute Nacht und einen erholsamen Schlaf.

Vater im Himmel,
ich danke dir für diesen schönen Tag.
Ich habe so viel gespielt und gelacht mit meinen Freunden.
Es ist schön, wenn alle sich gern haben.
Sorge auch für die Menschen, die alleine sind.
Beschütze uns alle in dieser Nacht.

Herr, ich rufe zu dir,
eile zu mir und hilf mir, wenn ich dich rufe!
Bewache meinen Mund
und meine Lippen vor bösen Worten,
auch meinem Herzen sollen sie nicht gefallen.
Ich will nichts Unrechtes tun, nicht alleine
und schon gar nicht mit anderen zusammen.

Mein Herr und mein Gott,
auf dich will ich schauen,
bei dir ist mein Leben in guten Händen,
bei dir bin ich geborgen.

(nach Psalm 141)

Zum Loben

Vater im Himmel,
wir loben dich für alles, was du erschaffen hast:
die Sonne, den Mond und die Sterne,
unsere Erde mit Pflanzen und Tieren,
die herrliche Natur.
In allem bist du uns nahe und lässt uns ahnen,
wie schön du bist.
Lass uns gut mit allem umgehen, was du uns anvertraut hast.
Darum bitten wir dich jetzt und alle Tage.

Herr, ich sehe dich nicht.
Du bist aber überall.
Du bist in mir,
du wohnst in meinem Herzen.
Und wenn ich dich suche,
so brauche ich nur
mit dir zu sprechen,
dann bist du da.
Dann habe ich dich wieder gefunden.
Dann spüre ich, dass du mich liebst.
Ich habe dich auch gern.

(Klaus Vellguth)

Loben will ich dich, guter Gott,
denn du bist groß und stark.
Ich weiß sicher, ich bin nie allein.

Danken will ich dir, guter Gott,
denn deine Liebe trägt mich auf meinem Weg.
Ich weiß sicher, du bist für mich da.

Bitten will ich dich, guter Gott,
behüte alle Menschen auf deiner großen Erde.
Ich bin sicher, in dir ist Frieden und Freude.

2. Dass ich tanzen darf und mich freuen,
Gott, ich danke dir!
Dass ich träumen darf und mich freuen,
Gott, ich danke dir!

3. Dass ich singen darf und mich freuen,
Gott, ich danke dir!
Dass ich lieben darf und mich freuen,
Gott, ich danke dir!

Lobt den Herrn vom Himmel aus,
lobt ihn, ihr Engel, lobt ihn, Sonne und Mond,
lobt ihn, all ihr leuchtenden Sterne, lobt ihn, all ihr Himmel,
denn er hat alles erschaffen;
erschaffen für immer und ewig.

Lobt ihn, ihr auf der Erde,
Feuer, Hagel, Schnee und Nebel,
ihr Berge, all ihr Hügel, ihr Bäume der Erde.
Lobt den Herrn, ihr wilden Tiere, alles, was kriecht,
und ihr Vögel des Himmels – alle Völker der Erde sollen dich loben.
Ihr Jungen und ihr Alten, zusammen sollt ihr ihn loben,
denn seine Größe strahlt über Erde und Himmel.
Er ist bei den Menschen, die ihn lieben.

(nach Psalm 148)

Zum Danken

Gott, unser Vater, du bist der Schöpfer allen Lichtes.
Am Tag lässt du die Sonne scheinen.
In der Nacht leuchten der Mond und die unzähligen Sterne.
Auch in unsere Herzen sendest du ein Licht – deine Liebe.
Sie macht unser Leben hell und warm. Dafür danken wir dir.

Ich danke dir, guter Gott,
denn du bist immer für mich da.
Egal, ob ich froh oder traurig bin.
Egal, wo ich gerade bin.
Mit dir kann ich immer sprechen.
Du hörst einfach zu. Danke!

Zum Bitten

Herr,
mach mich zu einem Werkzeug deines Friedens,
dass ich liebe, wo man hasst;
dass ich verzeihe, wo man beleidigt;
dass ich verbinde, wo Streit ist;
dass ich die Wahrheit sage, wo Irrtum ist;
dass ich Glauben bringe, wo Zweifel droht;
dass ich Hoffnung wecke, wo Verzweiflung quält;
dass ich Licht entzünde, wo Finsternis regiert;
dass ich Freude bringe, wo der Kummer wohnt.
(Franz von Assisi zugeschrieben)

Gott, unser Vater, du willst,
dass die Menschen miteinander in Frieden leben.
Zeige den Politikern, wie sie Spannungen lösen
und neue Kriege verhindern können.
Wir bitten dich um gerechte Lösung der Konflikte
in Ost und West, in Nord und Süd.
Lass nicht zu, dass wir mitmachen,
wenn Hass und Feindseligkeit Menschen auseinander treiben.
Hilf uns, Frieden zu halten, weil du der Friede bist.

2. Wo Menschen sich verschenken, die Liebe bedenken, …
3. Wo Menschen sich verbünden, den Hass überwinden, …

Gott ist mein Licht –
vor wem soll ich mich fürchten?
Gott ist meine Kraft –
vor wem soll mir bange sein?
Vor den Menschen brauche ich mich nicht zu fürchten –
Gott ist stärker.

Um eines aber bitte ich –
lass mich immer bei dir sein.
Beschütze mich und sei mein Zuhause.
Zeige mir meinen Weg.

In dir ist meine Hoffnung,
durch dich bin ich stark und mutig,
mit dir bin ich nie allein.
(nach Psalm 27)

Bei Kummer, Sorge und Traurigkeit

Vater im Himmel,
heute war kein guter Tag.
Ich habe einen Fehler
und damit jemanden sehr traurig gemacht.
Das tut mir sehr Leid.
Ich weiß, du willst, dass ich immer wieder neu beginne.
Du liebst mich, auch wenn ich etwas falsch mache.
Gib mir den Mut, um Entschuldigung zu bitten.
Und hilf, dass zwischen uns alles wieder gut wird.

Lieber Gott, ich bin traurig.
Heute haben wir uns im Kindergarten fast nur gestritten.
Es hat so viel geregnet
und nach draußen gehen konnten wir auch nicht.
Und viele hatten schlechte Laune.
Irgendwie konnten wir gar nicht richtig miteinander spielen.
Bitte mach, dass morgen ein besserer Tag wird,
und lass die Sonne wieder scheinen!

Lieber Gott, ich bin traurig.
Keiner hat Zeit, mit mir zu spielen.
Schon so viele habe ich gefragt.
Ich möchte nicht alleine spielen.
Bitte hilf du mir, dass ich einen Spielkameraden finde.

Guter Gott, ich bin so traurig.
Ich weiß gar nicht, was mit mir los ist.
Bitte mach mich wieder froh.

2. Worte, die heilen, erzählen von Gott; sie sagen, dass er zu mir steht.
Worte, die heilen, befreien mich heut; sie sind das Licht dieser Welt.

3. Augen, die sehen, erzählen von Gott; sie sagen, dass er auf mich schaut.
Augen, die sehen, sie öffnen die Tür; sie sind die Hoffnung der Welt.

4. Lippen, die segnen, erzählen von Gott; sie sagen, dass er mich erwählt.
Lippen, die segnen, sind Freude für mich; sie sind die Zukunft der Welt.

Lieber Gott,
es ist nicht schön, dass ich so wenig Freunde habe.
Das macht mich traurig und wütend.
Irgendwie bin ich eben anders als die anderen.
Vielleicht mögen mich deswegen manche nicht.
Manchmal tuscheln sie hinter meinem Rücken.
Das ist einfach gemein.
Bitte lass mich Freunde finden, mit denen ich mich gut verstehe!

Guter Gott,
heute habe ich erfahren,
dass meine Mama (mein Papa) krank ist.
Ich habe Angst um sie (ihn).
Wir wollen gut dafür sorgen, dass es bald wieder besser geht.
Mache sie (ihn) schnell wieder ganz gesund.

Vater im Himmel, ich bin sehr traurig.
Ich möchte nur noch weinen.
Mama und Papa wollen auseinander gehen.
Ich verstehe das nicht.
Wir gehören doch alle zusammen.
Auch wenn wir uns mal streiten, wir haben uns doch lieb.
Bitte mach du unsere Familie wieder heil.

Lieber Gott,
ich habe einen großen Kummer.
Immer wieder streiten wir uns in unserer Familie.
Wir wollen dies doch gar nicht,
aber es fällt uns schwer, gut zueinander zu sein.
Hilf du uns und zeige uns einen Weg,
wie wir gut miteinander umgehen können.

Vater im Himmel, es macht mir Angst,
wenn ich höre, dass an vielen Orten der Erde Krieg herrscht.
Sogar Kinder müssen in diesen Kriegen kämpfen.
Das ist schrecklich.
Warum können die Menschen sich nicht vertragen?
Ich bitte dich, lehre die Menschen, einander zu verstehen.
Schenke du der ganzen Welt Frieden.

Ich glaube an die Sonne,
auch wenn sie nicht scheint.

Ich glaube an die Liebe,
auch wenn ich sie nicht spüre.

Ich glaube an Gott,
auch wenn ich ihn nicht sehe.
(Inschrift im Warschauer Ghetto)

F C g d
1. Gott gab uns A - tem, da - mit wir le - ben,
B F B 3 C4-3
er gab uns Au - gen, dass wir uns sehn.
F A d G C
Gott hat uns die - se Er - de ge - ge - ben,
B C F B C
dass wir auf ihr die Zeit be - stehn.
F A d B C
Gott hat uns die - se Er - de ge - ge - ben,
F A d B C F
dass wir auf ihr die Zeit be - stehn.

2. Gott gab uns Ohren, damit wir hören.
Er gab uns Worte, dass wir verstehn.
Gott will nicht diese Erde zerstören.
Er schuf sie gut, er schuf sie schön.

3. Gott gab uns Hände, damit wir handeln.
Er gab uns Füße, dass wir fest stehn.
Gott will mit uns die Erde verwandeln.
Wir können neu ins Leben gehn.

Für alle Menschen, die ich lieb habe

Vater im Himmel, ich danke dir für meine Eltern.
Ich habe sie so gern. Wenn ich sie brauche, sind sie da.
Sie hören mir zu, sie reden, lachen und spielen mit mir.
Manchmal sind sie auch ein bisschen ungerecht.
Aber das ist nicht so schlimm –
ich bin einfach froh, dass wir eine Familie sind.
Bitte beschütze sie gut!

Heute war ich bei Oma und Opa.
Das war ein herrlicher Tag.
Oma hat mir viel erzählt und vorgelesen.
Dann waren wir noch auf dem Spielplatz.
Die beiden haben immer Zeit für mich.
Ich bin glücklich, dass es sie gibt.
Bitte pass gut auf sie auf!

Lieber Gott, ich bin so froh.
Im Kindergarten habe ich eine(n) neue(n) Freund(in) bekommen.
Es macht so viel Freude, mit ihr (ihm) zu spielen.
Wir streiten uns fast nie.
Wir haben uns so richtig gern.
Lass uns immer gute Freunde sein!

Guter Gott, ich danke dir für meine Freunde
und Freundinnen in der Schule.
Unsere Klasse ist einfach prima.
In der Pause macht es immer Spaß, mit den anderen zu spielen.
Auch meine Lehrerin ist richtig nett. Sie hat viele gute Ideen.
Sie hat Geduld mit mir, auch wenn ich nicht gleich alles verstehe.

Lieber Gott, beschütze Mama und Papa
und alle Menschen, die ich so gern habe.
Bitte sei immer in unserer Nähe.

Heute war ein aufregender Tag.
Wir haben ein großes Fest gefeiert.
Unser ganzes Haus war voller Besuch.
Viele Verwandte waren da, auch meine Cousinen und Cousins.
Es hat so viel Freude gemacht, miteinander zu spielen.
Schade, dass wir uns so selten sehen.
Es ist einfach schön, mit vielen zu lachen und zu spielen.
Jetzt sind alle wieder auf dem Weg nach Hause.
Ich danke dir für diesen schönen Tag.
Beschütze alle und achte auf jeden Einzelnen von ihnen!

Der Herr sei vor dir, um dir den rechten Weg zu zeigen.
Der Herr sei neben dir,
um dich in die Arme zu schließen und dich zu schützen
gegen Gefahren von links und rechts.
Der Herr sei hinter dir,
um dich zu bewahren vor bösen Menschen.
Der Herr sei unter dir, um dich aufzufangen, wenn du fällst.
Der Herr sei in dir, um dich zu trösten, wenn du traurig bist.
Der Herr sei um dich herum, um dich zu verteidigen,
wenn andere dich bedrohen.
Der Herr sei über dir, um dich zu segnen.
So segne dich der gütige Gott. Amen.

(nach einem irischen Segensspruch)